BEI GRIN MACHT SICH IHR WISSEN BEZAHLT

- Wir veröffentlichen Ihre Hausarbeit,
  Bachelor- und Masterarbeit

- Ihr eigenes eBook und Buch -
  weltweit in allen wichtigen Shops

- Verdienen Sie an jedem Verkauf

Jetzt bei www.GRIN.com hochladen
und kostenlos publizieren

Bibliografische Information der Deutschen Nationalbibliothek:

Die Deutsche Bibliothek verzeichnet diese Publikation in der Deutschen National-bibliografie; detaillierte bibliografische Daten sind im Internet über http://dnb.d-nb.de/ abrufbar.

Impressum:

Copyright © 2010 GRIN Verlag, Open Publishing GmbH
Druck und Bindung: Books on Demand GmbH, Norderstedt Germany
ISBN: 9783640598823

Dieses Buch bei GRIN:

http://www.grin.com/de/e-book/149266/tilly-und-wallenstein-ein-vergleich-zweier-heerfuehrer

Stefan Erminger

Tilly und Wallenstein – ein Vergleich zweier Heerführer

Der Dreißigjährige Krieg

GRIN Verlag

GRIN - Your knowledge has value

Der GRIN Verlag publiziert seit 1998 wissenschaftliche Arbeiten von Studenten, Hochschullehrern und anderen Akademikern als eBook und gedrucktes Buch. Die Verlagswebsite www.grin.com ist die ideale Plattform zur Veröffentlichung von Hausarbeiten, Abschlussarbeiten, wissenschaftlichen Aufsätzen, Dissertationen und Fachbüchern.

Besuchen Sie uns im Internet:

http://www.grin.com/

http://www.facebook.com/grincom

http://www.twitter.com/grin_com

Der Dreißigjährige Krieg

Tilly und Wallenstein – ein Vergleich zweier Heerführer

Tilly und Wallenstein

Gliederung

I. Einleitung

Aus der Vielzahl der bedeutenden Generale aller Kriegsparteien des 30jährigen Kriegs ragen die Namen Tilly und Wallenstein zunächst durch ihren hohen Bekanntheitsgrad hervor. Auf den ersten Blick scheint ein Vergleich ihres Aufstiegs zum Heerführer, ihrer Persönlichkeit sowie ihrer Lebensläufe nur Gegensätzliches hervorbringen zu können. Bei näherer Betrachtung verblüfft die Fülle von Parallelen in beiden Biographien und Lebensumständen; aber er gibt selbstverständlich auch Unterschiedliches in reicher Fülle zu berichten. Beiden gemeinsam ist zunächst, neben der gemeinsamen Seite, für die sie kämpften, der kaiserlich-katholischen, dass ihr in der deutschen Geschichtsschreibung gezeichnetes Bild eher negative Züge aufweist. Vor allem in populären Geschichtsschreibungen erhalten sie ein miserables Image, ihr Ruf als Soldat wird demoliert oder kommt erst gar nicht zustande. Schillers Wallenstein-Trilogie und seine sehr einseitige Geschichte des 30jährigen Krieges mag das Ihre dazu beigetragen haben. Während allerdings oftmals Tilly als der fanatische und grausame militärische Führer gesehen wird, der Würger von Magdeburg, der „zu Recht" glücklose Verlierer – nicht so in spezifisch bayerischen Darstellungen[1] - ist Wallenstein der Verräter an Kaiser und Reich, der charakterlose Kriegsgewinnler, der geldgierige Kriegsunternehmer und „Unsoldat"[2]. Ferner ist ihnen gemeinsam der gewaltsame Tod, etwa in der Mitte des langen Krieges. Tilly stirbt an den Folgen einer schweren Verletzung auf dem Schlachtfeld. Wallenstein dagegen wird von gedungenen und später hochbelohnten Tätern der eigenen Kriegspartei getötet. Ein Denkmal und eine Beisetzung haben beide erhalten; während Tillys Denkmal jedoch an vielbesuchter Stelle, in der Münchener Feldherrnhalle, steht und seine sterblichen Überreste in einer Kapelle zu Altötting ruhen, steht Wallensteins Denkmal fast versteckt in der Ehrenhalle des Wiener Arsenals, des Kriegsmuseums, und seine Gebeine ruhen, eher unbekannt, in der St. Annen-Kapelle des Schlosses Münchengrätz an der Iser.

II. Vom Elternhaus bis zum Beginn der militärischen Laufbahnen

1. Herkunft und Elternhaus

Die historischen Aufzeichnungen über die Kindheit und Jugend von Tilly und Wallenstein sind spärlich und einiges bleibt im Verborgenen. Johann Tserklaes Tilly wurde im Februar 1559 vermutlich auf Schloß Tilly in Braband geboren (Belgien); der genaue Tag seiner Geburt ist nicht feststellbar. Die Angaben über den Geburtsort schwanken zwischen dem heutigen Ort Tilly – das Schloß ist inzwischen spurlos verschwunden – und dem ca. 50 km entfernt gelegenen Brüssel; als wahrscheinlicher gilt Schloß Tilly/Brabant. Albrecht Wenzel Eusebius Wallenstein, in der älteren Literatur häufig auch Waldstein genannt, wurde am 14. September 1583 auf Gut Hermanic, in dem gleichnamigen Dorf geboren; im Nordosten Böhmens. Beide späteren Generale stammen aus niedrigem Adel. Die Frage nach der Nationalität stellt sich in dieser Zeit noch nicht; wir befinden uns in Raum und Zeit des sogenannten 1. Reiches, des supranationalen Heiligen Römischen Reiches Deutscher Nation[3]. Die Frage nach der Sprache der Eltern lässt sich beantworten. Tillys Eltern sprachen wallonisch, Wallensteins Vater vorzugsweise deutsch, seine Mutter besser tschechisch als deutsch. Tillys Vater war in Folge der politischen Wirren, welche damals in seiner Heimat herrschten, fast völlig verarmt. Wallensteins Eltern waren sehr

---

[1] Besonders lesenswert sind Junkelmanns Ausführungen zur Schuldfrage Tillys am Untergang von Magdeburg, S. 383ff.

[2] Barudio; Er gibt sich größte Mühe, alles zu Ungunsten Wallensteins auszulegen und gerät dadurch in starken Gegensatz zu Mann und Diwald.

[3] Diwald, S. 546, Der Autor hält die Frage, ob Wallensteins Eltern Deutsche oder Tschechen waren für akademisch.

wohlhabend, in früher Jugend verlor er jedoch durch Krankheit binnen zweier Jahre beide Elternteile und schon mit 12 Jahren Vollwaise.

2. Erziehung und Ausbildung

Die schulische Ausbildung Tillys fand an katholischen Bildungsstätten in Lüttich und Köln statt. Wallensteins entsprechende Ausbildung erfolgte zunächst häuslich unter Aufsicht eines Onkels und später an einer protestantischen Lateinschule. Es schloss sich für Wallenstein, entsprechend seinen geistigen Regungen und seinen finanziellen Mitteln, eine akademische Ausbildung an. Der 16jährige wurde an der protestantischen Universität Altdorf bei Nürnberg immatrikuliert. Die akademische Freiheit scheint ihm in diesen jungen Jahren nicht gut bekommen zu sein. Schon nach einem halben Jahr wurde ihm wegen Raufereien und feuchtfröhlichen Streichen nahegelegt, in Altdorf das Feld zu räumen. Es folgte eine 2jährige Bildungsreise, einschließlich Studium an den Universitäten Padua und Bologna. Soweit bekannt, befasste er sich insbesondere mit der italienischen Sprache, Kunst und Architektur sowie dem Militärwesen. Vergleichbares wurde Tilly in seinen Jugendjahren nicht geboten. Die materiellen Umstände im Hause seines Vaters ließen Studium oder gar eine Bildungsreise nicht zu.

3. Körperliche Verfassung

Tilly war mittelgroß und drahtig, stets kerngesund. Er wurde 7 mal verwundet. 6 mal hat er die Verwundung problemlos überwunden. Die 7. Verwundung bei Rain/Lech, hat dem inzwischen über 70jährigen, am 30.4.1632, den Tod gebracht. Wallenstein dagegen war groß und hager. Er wurde nur einmal verwundet. Als junger Soldat erhielt er, während der Belagerung von Kaschau in Südosten des Reiches, einen Durchschuss durch die Hand. Hinzu kam die sogenannte ungarische Krankheit; vielleicht war es Fleckfieber oder ein Pestanfall. Er hat sich Zeit seines Lebens nie so recht davon erholt. Häufige Krankheiten, mit erzwungener Bettlägerigkeit und später schwere Gichtanfälle, waren seine ständigen Begleiter. Als in der Nacht vom 24. auf den 25. Februar 1634 das Todesurteil oder der Befehl – je nach Auffassung – an ihm vollstreckt wurde, hat man einen Schwerkranken getötet[4].

4. Glaubensrichtung

Tilly war von Kindesbeinen an bis zum Tod streng katholisch. Die Verteidigung des alten Glaubens war ihm, man kann es nicht anders formulieren, eine Herzensangelegenheit.

Georg Gilardone, betitelt seine Biographie: „Tilly, der Heilige im Harnisch". Wallenstein kam in hussitischer Umgebung zu Welt und wurde als Kind und Jugendlicher in diesem Sinne strenggläubig erzogen. Seine Konversion zum Katholizismus vollzog er als junger Mann. Wie viele seiner Handlungen unterliegt auch sein Konfessionswechsel sehr unterschiedlichen Deutungen. Der nicht mit Gewissheit feststellbare Zeitpunkt und die naturgemäß nur ahnbare Motivation hierzu, erlaubt eine große Bandbreite von Interpretationsmustern. Sicher war sein Katholischsein nicht von Tillys strenger Qualität, aber sicher mehr als nur eine Frage der Opportunität. Manches spricht dafür, dass Wallenstein während seiner Studienjahre in Italien am Katholizismus Gefallen gefunden hat; ein sehr persönlicher Vergleich der Konfession seiner Kindheit, mit ihrer örtlichen Begrenztheit und religiösen Strenge und der eher weltweiten religiösen Gelassenheit in Padua und Bologna, fiel wahrscheinlich zu Gunsten der letzteren aus.

5. Familienstand

In der Auffassung von Ehe und Familie unterscheiden sich beide Generale grundlegend. Tilly zog, aufgrund seiner asketisch streng religiösen Einstellung, ein Leben in Ehelosigkeit vor; man kann schlicht behaupten, er verstand sich als Mönch im Gewand des Soldaten. Alle Bemühungen seiner Gegner, irgendwelche dem widersprechende Verhaltensweisen Tillys zu

---

[4] Mann, S. 1180 und Diwald S. 527.

entdecken, sind erfolglos geblieben. Wallenstein dagegen war zweimal verheiratet, und zwar sowohl glücklich, als auch „gewinnbringend". Mit 26 Jahren heiratete er die vermutlich 1-4 Jahre ältere und verwitwete Lukrezia, geb. Nekesch von Landeck, welche nach 5 Jahre verstarb und ihm ein reiches Erbe hinterließ. Als 40jähriger heiratete Wallenstein erneut. Seine Frau wurde die 22jährige Isabella von Harrach, ebenfalls sehr wohlhabend und Tochter eines engen Vertrauten des Kaisers. Auch bei Wallenstein waren seine Gegner allzeit bemüht, irgendwelche amourösen Abenteuer außerhalb der beiden Ehen zu entdecken, aber wie bei Tilly, wurde man nicht fündig.

III. Vom einfachen Soldat zum General

1. Entscheidung zum Soldatenberuf

Die Frage der Motivation, Soldat zu werden, lässt sich für Tilly relativ leicht beantworten. Für einen jungen Mann aus niedrigem Adel, ohne besondere Bildungsvoraussetzungen und unter schwierigen materiellen Bedingungen lebend, blieb eigentlich nur der Weg in die militärische Laufbahn als Karriereleiter. Als Alternative hätte sich noch eine geistliche Laufbahn angeboten. Tilly hat allerdings den Soldatenberuf gewählt. Bei Wallenstein stellte sich die Lage völlig anders dar. Ebenfalls aus niedrigem Adel, aber wohlhabend und mit akademischer Vorbildung, hatte er alle nur denkbaren Möglichkeiten einer Berufswahl. Dass er es dennoch vorzog als 21jähriger, zunächst als einfacher Pikenier, die militärische Laufbahn einzuschlagen, lässt nur den Schluss zu, dass er sich da hingezogen gefühlt haben musste. Nicht eben das Wunschziel seiner gleichaltrigen Standesgenossen[5]. Der 17jährige Tilly und der 21jährige Wallenstein begannen ihre Karriere „ganz unten". Tilly verbleibt bis zu seinem Tode ununterbrochen Soldat; bei Wallenstein gibt es verschieden bedingte Unterbrechungen.

2. Persönliche Bindung an den Kriegsherrn

In jener Zeit der Söldnerheere und Söldnerführer, war bekanntermaßen die Bindung des Soldaten und auch seiner Führer an den Kriegsherrn in aller Regel zeitlich befristet und wurde rein pragmatisch gehandhabt, bestimmt u.a. durch Angebot und Nachfrage. Innere Bindungen, wie später üblich und heute selbstverständlich, kannte man allgemeinen nicht. Unter diesem Aspekt ist eine Betrachtung des Loyalitätsverhältnisses von Tilly und Wallenstein zu ihren Kriegsherrn in mancherlei Hinsicht sehr aufschlussreich. Tilly diente Zeit seines langen Soldatenlebens nur der katholischen Seite, hier jedoch verschiedensten Herrn. Wallenstein diente überhaupt nur einem „Herrn", der Casa d'Austria. 1618 in Doppelunterstellung, als Oberst der mährischen Stände und als kaiserlicher Oberst vor die Entscheidung gestellt, für eine Seite Farbe bekennen zu müssen, entschloss er sich, unter hohem persönlichem Risiko, für des Kaisers Seite und handelte danach. Tilly begann seine Soldatenlaufbahn in spanischen Diensten, unter Don Juan d'Austria, dem Sohn Kaiser Karls V., kämpfte im sogenannten Kölnischen Krieg für Wittelsbach, dann unter Alexander Farnese wieder in spanischen Diensten. Im 8. Hugenottenkrieg schlossen sich lothringische Dienste an, dann kaiserliche (Türkenkrieg), bayerische, ligistische und wieder kaiserliche. Daraus ist zu folgen: Für Tilly kam nur eine Seite, die katholische, infrage. Wallenstein diente ausschließlich nur Angehörigen der Casa d'Austria, über Jahrzehnte seinem langjährigem Gönner und Freund Ferdinand, dem späteren Kaiser Ferdinand II. Wenn also Wallenstein in seinem letzten Lebensjahr 1633/34 tatsächlich in Gedanken oder gar in Taten Hochverrat am Kaiser ins Auge gefasst haben sollte, dann müssen es schon sehr schwerwiegende Gründe gewesen sein, die ihn dazu bestimmt haben[6]. Eine weitere Erörterung der Frage: Hochverrat ja oder nein, muss unterbleiben, da sie nicht Teil des Rahmens ist.

---

[5] Mann, S. 82f. Wallenstein meldet sich zum Türkenkrieg und dient „von der Pike auf".

[6] Mann, S. 1175

3. Vom Pikenier zum General

Beide Generale haben ihren Soldatenberuf im wahrsten Sinne des Wortes von der Pike auf gelernt. Ein Umstand, den man landläufig Tilly sicherlich zutraut, bei Wallenstein wirkt dies eher erstaunlich. Es scheint nicht so recht ins Bild zu passe, das von ihm verbreitet ist. Bei der Belagerung von Gran und Kämpfen vor Kaschau im Jahre 1604, im vergessenen und schmutzigen Krieg im Südosten des Reiches, begegnen sich die beiden. Schmutzig deswegen,weil dort außer Mühsal nichts zu gewinnen war, nicht mal Ruhm und Ehre und das bei schlechter Versorgung und noch schlechterer, oft ausbleibender Bezahlung. Tilly, inzwischen Oberst und Führer der dortigen kaiserlichen Artillerie, wird den jungen Pikenier Wallenstein kaum bemerkt haben. Umgekehrt schon eher. Es ist sehr wahrscheinlich, dass Wallenstein in diesen ersten Monaten seines Soldatenlebens, die Wichtigkeit von Versorgung im Kriege einzuschätzen gelernt hat. Zeit seines Soldatenlebens galt seine Sorge einer effizienten Versorgung seiner Truppen, ob als Oberst der Versorgung und Ausrüstung seines Regiments oder später als Generalissimus seiner riesigen Armee. Schon im folgenden Jahr 1605, erhielt Tilly als Feldmarschall Generalsrang. Feldmarschall in der damaligen Zeit war Führer der Kavallerie und ist nicht zu verwechseln mit dem Dienstgrad Generalfeldmarschall des 18.-20. Jahrhunderts. Seine Karriere setzte sich fort bis schließlich 1630 zum Generalissimus der ligistischen und kaiserlichen Truppen. Wallensteins militärischer Werdegang war nicht wie Tillys kontinuierlich, sondern erfolgte gleichsam in Sprüngen und war durch längere Unterbrechungen gekennzeichnet. Schon als junger Edelmann sehr wohlhabend, wurde er durch Heirat und andere Umstände immer reicher und daher auf seine Bezüge als Offizier nicht angewiesen. Rasch vom Pikenier über Fähnrich zum Hauptmann und ein Jahr später zum Oberst und Kommandeur eines Regiments deutscher Fußknechte aufgestiegen (1606), erfolgte eine 10jährige Unterbrechung seiner aktiven militärischen Tätigkeit. Durch Heirat mährischer Standesherr geworden, kümmerte er sich vorrangig um die Verwaltung seines großen Landbesitzes und war in Nebenfunktion Oberst der mährischen Stände, so eine Art „Reservistenstatus", wie man heute sagen würde. Seine gleichzeitige Tätigkeit als Kammerherr des Erzherzogs Ferdinand, des nachmaligen Kaisers, führte ihn 1617 als Kommandeur einer kleinen, von ihm selbst finanzierten Truppe, in den friaulischen Krieg, einen „Vorbotenkrieg" mit ähnlich internationaler Beteiligung, nur in kleinerem Maßstab wie der bald darauf beginnende große 30jährige Krieg. Erzherzog Ferdinand war durch die Belagerung seiner Festung Gradisca/Friaul durch die Venezianer in allergrößte Bedrängnis geraten. Wallenstein, um Hilfe gebeten, hat in dieser Lage durch den Einsatz persönlicher Mittel sowie durch besondere Tapferkeit[7] sich Ferdinand verpflichtet, ein Bund, der lange halten sollte. Ein ähnlich festes Band persönlicher Bindung bestand zwischen Tilly und seinem langjährigem Kriegsherrn, dem späteren Kurfürsten Maximilian von Bayern. Die ungeheuer folgenreiche Schlacht am Weißen Berg, am 8.11.1620, erlebten beide Feldherren in sehr unterschiedlichen Postionen. Tilly, als Führer der katholischen Truppen und auf dem Gipfel seines Ruhms angelangt, Wallenstein mal wieder krankheitsbedingt bettlägerig. Das am Erfolg der Schlacht herausragend beteiligte Reiterregiment des Oberst Wallenstein hatte sein Vertreter geführt, 1625, im Verlauf des sogenannten niedersächsisch-dänischen Krieges (1624-1629), wird Wallenstein Generalissimus des kaiserlichen Heeres, d.h. der 24 Jahre jüngere erhält für die kaiserlichen Truppen eine ähnliche Aufgabe und Position wie Tilly für die Truppen der Liga. Beider Situation war durchaus vergleichbar, aber nicht identisch. Tilly wurde von seinen Kriegsherrn am kürzeren Zügel geführt als Wallenstein es hingenommen hätte.

---

[7] Rieder, S. 26f.

IV. Tilly und Wallenstein als General

Aus der Zeit der Jahre von 1625 bis 1632, der Zeit der gemeinsamen Generalsjahre von Tilly und Wallenstein, gäbe es eine Menge zu berichten. Konkurrenzdenken und Kameradschaft, unterschiedliche Auffassungen und vereintes Handeln beider Heerführer füllen Bände. Ich werde mich auf 3 Bereiche beschränken.

1. Kriegswesen und Politik
Tilly verstand sich mit Leib und Seele als Soldat. Politisches Denken oder gar die Übernahme politischer Aufgaben waren ihm eine Qual. Wallenstein dachte immer politisch: Militärisches Handeln ohne politische Zielsetzung und entsprechende Zweckorientierung war für ihn undenkbar. Entsprechend gab es für Tilly in Fragen des Ungehorsams kein Wenn und Aber. Ein Revozieren fiel ihm äußerst schwer, selbst dann, wenn es von der Sachlage geboten war. Und geboten war es oft genug. Sein Kriegsherr Maximilian nahm seine Aufgabe sehr ernst und der weite Befehlsweg von München nach Niedersachsen, mit bisweilen kleinlichen Detailbefehlen, zwang Tilly oft genug zum Widerspruch, zumal, wenn z.B. die Lage sich gegenüber dem Anfangszeitraum grundlegend geändert hatte. Wallenstein, an sich schon mit höheren Vollmachten versehen, nahm stets für sich in Anspruch, sinngemäß gehorchen zu müssen. Da Tilly und Wallenstein sich gut kannten, wirkte sich ihre unterschiedliche Auffassung in den o.a. Fragen naturgemäß auf ihre dienstlichen und menschlichen Beziehungen zueinander aus. Wallenstein begegnete Tilly, dem bedeutend älteren Kameraden in Briefen und auch persönlich mit respektvoller Sympathie. Tilly achtete den weit jüngeren Wallenstein; nur seine Art und Weise war ihm unheimlich, insgeheim fürchtete er wahrscheinlich Wallensteins Überlegenheit. Das tiefe Misstrauen der Ligafürsten gegenüber Wallenstein teile Tilly nicht[8].

2. Das Verständnis beider Feldherrn von Kriegführung
Tilly führte seine Truppen, wie er es gelernt und gut befunden hatte, in der damals gängigen spanischen Schule. Durch schnelle Bewegungen den Feind überraschen und dann mit Hilfe der wuchtigen Tercios überrennen. Dies alles in soldatischer Perfektion und mit Freude am Risiko. Irgendwelche Neuheiten waren ihm zunächst suspekt[9]. Wallenstein dagegen ist in keiner Schule unterzubringen. Jedes Schema lehnte er ab. Seine Grundeinstellung war defensiv, er zog es vor, unnötige Risiken zu vermeiden. Schlachten suchte er, im Gegensatz zu Tilly, im Allgemeinen nicht. Er stellte sich Schlachten nur bei guten Erfolgsaussichten oder, wie bei Lützen, wenn es unvermeidlich schien. Tilly liebte den Kampf und das Risiko, Wallenstein war eher ein Freund des Abwägens. Beide wurden letztlich diese Grundeigenschaft zum Verhängnis.

3. Der Schlachterfolg beider Generale in der Bilanz
Tilly hat als General um die 40 Schlachten geschlagen. In den allermeisten Fällen war er erfolgreich. Die Schlachten Am Weißen Berg (1620) und bei Lutter am Barenberg (1626) seien exemplarisch erwähnt. Verloren hat er bei Wiesloch (1622), in der entscheidenden Schlacht bei Breitenfeld (1631) und schließlich bei Rain am Lech (1632). Die dort erhaltene schwere Verletzung brachte ihm nach einigen Tagen den Tod. Wallenstein hat als General ungleich weniger Schlachten geschlagen. Seine Teilnahme an zahlreichen Gefechten als Pikenier, als Fähnrich, als Hauptmann und schließlich als Oberst und die dort gesammelte Erfahrung, hatten ihn vermutlich, anders als seinen Generalskollegen Tilly, zu einer gegenteiligen Auffassung im Bezug auf das bedingungslose Vertrauen auf das Schlachtenglück veranlasst. Siegreich, mit Folgewirkung auf den weiteren Kriegsverlauf, war er bei Dessau (1626), Wolgast (1628) und Steinau (1633). Seine jeweiligen Gegner: Mansfeld, Christian IV. und Thurn, schieden aus

---

[8] Junkelmann, S, 382.
[9] Junkelmann, S. 385f.

unterschiedlichen Gründen als Gegner aus. Im Lager von Zirndorf (1632) hat er sich mit einem frisch aus dem Boden gestampften und zusammengewürfelten Heer gegen die erprobte Streitmacht Gustav Adolfs gut behauptet, Das Ergebnis der Schlacht von Lützen (1632) wird unterschiedlich bewertet. Sieg der Schweden oder unentschieden ist hier die Frage[10]. Fest scheint zu stehen, dass Wallenstein als Folge der Schlacht von Lützen wohl erkannt hat, dass bei Abwägen aller „Fürs" und „Widers" der große Krieg durch Siegfrieden nicht zu beenden sei. Dadurch brachte er sich allerdings in eine tödliche Konfliktlage zum kaiserlichen Hof, zur Führung der Liga und der spanischen Verbündeten, welche zu dieser Zeit der gegenteiligen Auffassung waren.

V. Schlussbetrachtung

1. Das Ende

Der Tod beider Heerführer kommt von Soldatenhand. Tillys rechts Bein wird von einer feindlichen Falkonettkugel zerschlagen. Er stirbt bald darauf in der belagerten Festung Ingolstadt. Wallensteins Brust wird in Eger von der Partisane eines vormaligen Untergebenen durchbohrt. Tilly, im hohen Alter, wird von einem Herrn, dem Kurfürsten Maximilian, sowie von seiner Umgebung und seinem Heer tief betrauert und fast wie ein Heiliger verehrt. Wallenstein, knapp 50 Jahre alt, aus verschiedenen Gründen missverstanden und verkannt, wird gehasst und verachtet. Die wenigen ihm noch ergebenen Getreuen wurden kurz vor ihm umgebracht. Die Frage nach Schuld, Verleumdung, Intrigen oder Selbstverstrickung muss hier offen bleiben, wird wohl auch endgültig nie geklärt werden können[11].

2. Der Nachruf

Abschließend soll noch ein letzter Vergleich gewagt werden. Mir scheint das Hauptunterscheidungsmerkmal zwischen den beiden Heerführern zu sein, dass Tilly eher ein Soldat des 16. Jahrhunderts war und Wallenstein besser ins 18. oder gar ins 19. Jahrhundert gepasst hätte[12]. Alle weiteren Bewertungen und Einschätzungen im Hinblick auf ihre Stellung in der Militärgeschichte und ihren Nachruf müssen in diesem Lichte gesehen werden. Meines Erachtens haben beide einen guten Mittelplatz und in einer fiktiven Werteskala deutscher Militärgeschichtsschreibung verdient.

---

[10] Mann, S. 891.
[11] Mann, S. 1149ff.
[12] Liddell Hart, S. 127ff.

Literaturverzeichnis

Allmayer-Beck, Joh. Christoph: Das Heeresgeschichtliche Museum Wien, Salzburg 1981
Barudio, G.: Der Teutsche Krieg 1618-1648, Frankfurt/M. 1988
Burkhardt, Joh.: Der Dreißigjährige Krieg, Frankfurt 1992
Delbrück, H.: Geschichte der Kriegskunst; 4. Teil Neuzeit, Berlin 1929
Parker, G.: The Thirty Year's War, London 1987
Repgen, K.: Dreißigjähriger Krieg, Artikel in ThRE, Bd. IX S. 169-188, Berlin 1982
Schormann, G.: Der Dreißigjährige Krieg, Göttingen 1985
Schulz, H.: Wallenstein und die Zeit des dreißigjährigen Krieges, Leipzig 1898

Zu Tilly:
Gilardone, Georg: Tilly, der Heilige im Harnisch, München 1932
Junkelmann, Markus: Feldherr Maximilians: Johann Tserklaes Graf von Tilly (= Wittelsbach und
　　　Bayern, Band II, 1; 1980)
Rill, Bern: Tilly, Feldherr für Kaiser und Reich, München 1984

Zu Wallenstein:
Diwald, Hellmut: Wallenstein. Eine Biographie, München 1969
Hallwich, Hermann: Fünf Bücher Geschichte Wallensteins, Leipzig 1910
Liddell Hart, Sir Basil Henry: Große Heerführer u.a. Wallenstein, Düsseldorf-Wien 1968
Mann, Golo: Wallenstein, Sein Leben erzählt, Frankfurt/Main 1971
Ranke, Leopold von: Geschichte Wallensteins Köln 1954
Rieder, Heinz: Wallenstein General, Herzog, Verräter Wien 1983